LA TRIBU YUKA-YUKA

Una historia de hermandad y travesuras infantiles

Anahís Marín

*A Gaspi,
mi "talón de Aquiles".*

AGRADECIMIENTOS

A Escuela de Autores por encender la chispa, por alumbrar el camino, por estar ahí, y, muy especialmente, al querido profesor Carlos, por ser motor impulsor de este proyecto.

A mi familia: Edu, Magú y Marcelo, por haber secundado esta divina locura.

Y por supuesto, a mi hermano y a mi primo, sempiternos miembros de **La Tribu Yuka-Yuka**.

ÍNDICE

PRÓLOGO 11

INTRODUCCIÓN 15

Capítulo 1 17

    UN PAPÁ MUY ESTRICTO 17

Capítulo 2 23

    EL NACIMIENTO DE UNA TRIBU 23

Capítulo 3 33

    NUESTRO CÓDIGO SECRETO 33

Capítulo 4 39

    LA VIDA TE DA SORPRESAS 39

Capítulo 5 45

    UN ARMA POCO ORTODOXA 45

Capítulo 6 53

    EL "MEDIO CALUNTUNTENTE" 53

Capítulo 7 59

    ABUELO SE TRANSFORMA EN UN MONSTRUO
VERDE 59

Capítulo 8 67

    ¿QUÉ PASÓ CON LA TRIBU YUKA-YUKA? 67

Capítulo 9 73

    ¿FELIZ O INFELIZ? HE AHÍ EL PROBLEMA 73

Capítulo 10 79

    EL AVE FÉNIX 79

PRÓLOGO

¿La tribu Yuka-Yuka? Sólo al oír mencionar ese nombre, la máquina del tiempo me transportó placenteramente a la bodega, al patio y a evocar y revivir aquellos inolvidables momentos.

En conversaciones con mi hermana y autora de esta travesura literaria, me informó que escribiría y recogería aquellas andanzas nuestras.

¡Qué placer! ¡Qué dicha! No ser el único que aún atesora las infantiles vivencias de aquella "temible y terrible organización" … **La Tribu Yuka-Yuka**.

De esto informé al otro integrante, a Pincho. Un mudo y lacrimoso abrazo me dieron a entender que nuestra tribu, realmente es tal como se expresa en el capítulo 10: **el ave Fénix**; de hecho, me hizo una pregunta usando nuestro código. SÍ, NUESTRO CÓDIGO.

Hoy, tengo el libro en las manos, o por lo menos, los textos que lo formarán. Lo devoré. Lo he releído varias veces, y cada vez que lo hago, acuden a mi alma mil emociones. Las lágrimas acompañaron la primera lectura.

No sospechaba que el libro pudiera depararme más emociones; pero sí, lo hizo. Es que ahora me toca nada menos que prologarlo… tamaña responsabilidad.

No me quedó más si no encomendarme a los dioses de la Tribu Yuka-Yuka.

Ciertamente, todo lo referido en el texto, me regresa a aquella desenfadada etapa de nuestras vidas, las privaciones que condujeron a sumergirnos en la lectura, a tal extremo que nos tildaban de locos. ¿Quijotes? El bálsamo existencial que significó y aún significa la amistad de Pincho. La bodega, la dialéctica necesidad de identificarnos como grupo social y al mismo tiempo, gozar de la impunidad del anonimato, el misterio y el hermetismo que nos brindaba **"nuestro código secreto"**.

Todo aquello que yo creía muy lejano, ha vuelto con este texto, el cual está escrito y elaborado con un lenguaje sencillo, claro y ameno que lo convierten en un material fácilmente digerible para el lector en general. Ni qué decir para aquellos quienes fuimos y somos los protagonistas de tan épicas acciones.

De manera que este libro, puede ser leído por quien quiera asomarse al maravilloso mundo de las travesuras infantiles; y, dependiendo del tipo de lector, podrá hallar elementos filosóficos (ontológicos y dialécticos); elementos religiosos (la tribu poseía, según nosotros, creencias politeístas); elementos afectivos (la relación entre nosotros más allá del parentesco sanguíneo); elementos eróticos (la inocente descripción en el capítulo 2); y elementos de la novela negra, policial, de suspenso (al modo de nuestras lecturas habituales).

Todo esto convierte al libro en un texto polisé-
mico, y que sin duda, agradará a quien lo tenga entre sus
manos. Así que, querido lector, aventúrate en las arries-
gadas, pero aleccionadoras páginas de **La Tribu Yuka-
Yuka**. Una historia de hermandad y travesuras infantiles.

Simón Marín
Mayo del 2022

INTRODUCCIÓN

La idea de escribir este libro había estado dormida en un polvoriento y oscuro lugar de mi cabeza durante mucho tiempo. Y las ocupaciones, la rutina diaria del trabajo y de la casa, poco a poco fueron lanzando más polvo sobre la indefensa idea; hasta que un día, contándoles esta historia a mi sobrina y a mi hija, mi sobrina me preguntó que por qué no escribía un libro sobre estas aventuras. La idea pareció revivir, pero enseguida volvió a dormirse por unos cuantos años más; "alegría de tísico", diría papá. En este punto, recuerdo las primeras líneas del poema *El arpa*, de Gustavo Adolfo Bécquer, ya que comparo mi idea con el arpa mencionada en él:

> *Del salón en el ángulo oscuro,*
> *de su dueña tal vez olvidada,*
> *silenciosa y cubierta de polvo*
> *veíase el arpa.*

Sin embargo, un frío día de invierno, por los días en que celebro mi cumpleaños, me topé con Escuela de Autores y fue como un chispazo mágico. La pequeña e indefensa idea tomó cuerpo, se hizo cada vez más fuerte, se dedicó con ahínco a ocupar mis pensamientos, pobló mi pequeño universo. El resultado de este proceso de transformación de la pequeña idea, en realidad, está ahora contigo y es este pequeño relato. El tiempo de Dios es perfecto, diría mamá.

Querido muchachón o muchachona, el libro que tienes entre tus manos es una historia real, con personajes reales, ocurrida en una pequeña ciudad real ubicada en el oriente de Venezuela. La historia transcurre a finales de los años 70, cuando los protagonistas tenían ocho, nueve y diez años; eran niños comunes y corrientes que vivían en un vecindario común y corriente, solo que la vida les tenía preparada una prueba ante la cual tendrían que echar mano de todo su coraje, fuerza y disposición de ánimo.

La historia comienza con la presentación de dos de los protagonistas, su forma de vida y la relación con su padre. Luego aparece el otro protagonista, se hace evidente el vínculo que existe entre estos tres niños, y tiene lugar el nacimiento de la "organización" que da nombre a este libro.

Poco a poco vamos conociendo a los personajes, viviendo sus alegrías, riéndonos con sus locuras, conmoviéndonos con sus tristezas, pero, sobre todo, permitiéndonos reflexionar sobre la importancia del amor familiar.

Así que, aquí te entrego mi pequeño hijo, trátalo con cariño y juzga con benignidad las faltas que seguramente en él encontrarás.

Capítulo 1
UN PAPÁ MUY ESTRICTO

Andaba yo en mis nueve años cuando mi hermano me dio a leer un librito. Tenía en la portada una pareja metida en un auto: ella bonita, con gafas de sol, pelo negro y una boca muy, muy roja; él, un hombre bien parecido y vestido a lo Dick Tracy[1].

Era una novela llamada "Lazos rotos" y se trataba de una historia de espionaje. Cuando la abrí y vi que tenía 100 páginas, le dije:

—Pero, ¿tú estás loco, chico? ¡Este libro es demasiado largo para mí!

Chúo, serenamente, me dijo:

—Léela, te va a gustar.

Y así fue, empecé a leerla con la convicción de que nunca la terminaría, puesto que nunca había leído un libro tan largo; pero Chúo tenía razón, me gustó ¡y mucho! Aunque yo era principiante en esto de leer libros "largos", mi hermano, quien era un año mayor que yo, ya tenía en eso un camino recorrido. Podría decirse que en esto de la

---

[1] Dick Tracy es el protagonista de una historieta creada en 1931. El propósito del personaje era luchar contra el crimen desde su puesto de inspector de policía.

lectura ya era un veterano de tres guerras mundiales, dos revoluciones y un contragolpe.

Tiempo después, ambos estábamos sumergidos en este mundo de la lectura y nos parecía sumamente divertido leer novelitas de espionaje y de policías. Pero lo que realmente constituía nuestras delicias, eran las novelas de vaqueros, y, muy especialmente, las de Marcial Lafuente Estefanía.

Pero llegó un momento en que estas novelas eran para nosotros algo así como un bocadillo y quisimos más. Seguimos con Ellery Queen, Agatha Christie, Erle Stanley Garner, hasta llegar a "Los crímenes de la calle Morgue" y "El escarabajo de oro" de Allan Poe, ¡lo máximo!

Realmente Chúo y yo disfrutábamos la lectura, pero a la par, era también como una válvula de escape, como una licencia para hacer todo aquello que papá no nos permitía hacer y aun más. La lectura era para nosotros nuestro pasadizo secreto a un mundo donde nadie nos prohibía nada, donde podíamos ser de todo, desde un peligroso pistolero hasta Hércules Poirot.

          Anahís Marín

Papá era un hombre condenadamente estricto. En su juventud había sido pescador y una vez que se casó con mamá, decidió abrir una bodega[2] y hacer de este pequeño negocio, el medio de sustento de la familia.

La bodega en cuestión estaba en nuestra casa, de manera que papá no era como otros papás que iban a trabajar a otra parte, no, ¡papá trabajaba en casa! Esto le permitía estar atento a todo lo que hacíamos. Y si uno de nosotros hacía algo que no le parecía bien, seguro, seguro, venía una paliza... o en el más favorecedor de los casos, una tremenda regañina.

Digamos que la paliza era uno de los principales métodos educativos de papá y su teoría educativa la compartía con sus amigos: "Palo en muchacho y caldo en viejo, no es perdío".

---

[2] En este contexto, una bodega es una pequeña tienda de abarrotes.

Tampoco nos dejaba salir a la calle a jugar con los demás niños. Eso era algo que estaba estrictamente prohibido, ya que según él, *de la calle no se saca nada bueno*. En lugar de salir a la calle, veíamos la tele. Nuestro aparato de televisión era grande, venía empotrado en una especie de cajón con puertas, de manera que cuando nadie lo estaba viendo, cerrábamos las puertas y aquello parecía una alacena. Tenía el aparato en cuestión, el enorme privilegio de ser el único televisor en la casa y solo papá podía manipularlo, solo él podía buscar programación y subir o bajar el volumen. Afortunadamente, los programas que él sintonizaba eran de nuestro agrado y más que eso, nos encantaba ver todas las tardes "El Zorro", "Marco", "Érase una vez el hombre", "Mazinger Z" y otras tantas. Por las noches veíamos, a las 8:00 en punto, "Los Ángeles de Charley", "Starksky y Hutch", S.W.A.T, "Columbo", Kojak, "Chips: patrulla motorizada". Realmente disfrutábamos esta programación.

Otra de las reglas de papá y también de mamá, hay que decirlo, era que debíamos cumplir un tiempo establecido para regresar del colegio. Salíamos de clase a las 12 en punto y a las 12:30 a más tardar, debíamos estar en la casa. Caminábamos desde la casa al colegio y desde el colegio a la casa todos los días. Un día, nuestro vecino de al lado, que estudiaba en el mismo colegio que nosotros, nos entusiasmó para ir 'un ratico' a jugar en un pequeño parque muy cerca del colegio.

 Anahís Marín

Estuvimos por un breve período balanceándonos en los columpios y luego nos fuimos todos a casa. Cuando llegamos nosotros a la nuestra y el vecino a la suya, ¡se armó la gorda! Todos recibimos una paliza por desobedientes, porque pudo habernos pasado 'algo' en la calle, porque *"ustedes no se mandan solos"*. Y lo peor, nuestros padres y los padres de nuestro vecino, luego conversaron animadamente sobre la mejor forma de disciplinar a los hijos y sí, lo mejor era pegarnos con un cinturón, una chancleta o la cuchara de madera usada para batir bizcochos.

Todas estas restricciones tal vez podían amargar la vida de cualquier niño, pero en nuestro caso, teníamos en la lectura un medio de liberación, y en nuestro primo Pincho, un compañero de aventuras con quien la pasábamos genial, y quien además sería el otro miembro de una organización secreta que formaríamos Chúo, Pincho y yo.

Capítulo 2
EL NACIMIENTO DE UNA TRIBU

Nuestro primo Pincho era un chico de unos ocho años, de ojos vivaces y carácter risueño. Por cualquier cosa se le ocurría una broma, una chanza, una cuchufleta o una palabra rara inventada por él. La familia de Pincho, es decir, su mamá, su papá y sus hermanos, tenían su casa justo enfrente de la nuestra, como quien dice, en la acera de enfrente; de manera que para ir a nuestra casa, Pincho lo único que tenía que hacer era cruzar la calle, ¡y lo hacía con frecuencia!

Dado que nosotros no solíamos salir mucho, Pincho venía a nuestra casa. Allí entablábamos larguísimas conversaciones sobre las cosas que nos ocurrían en el colegio. Chúo hablaba con orgullo sobre sus pillerías en el salón de clases, como por ejemplo, la manera en que ponía bolas de chicle en el asiento de sus compañeros. Esta era una actividad recurrente para Chúo, hasta un día que tuvo la estupenda idea de colocar una de sus bolas de chicle en el asiento de la maestra. La maestra, ni corta ni perezosa, solicitó una reunión con mamá y en ella expuso, con lujo de detalles, esta y otras 'fechorías' cometidas por Chúo.

Papá amenazó a Chúo con que, si seguía comportándose de esa manera y seguían llegando citaciones de la escuela, lo iba a internar en una escuela-granja que quedaba a una hora de camino de nuestra ciudad. Así las cosas; Chúo se tranquilizó... por un tiempo.

Por su parte, Pincho era todo un casanova, nos contaba lo linda que era fulanita, lo bonita que se veía zutanita y los piropos que le decía a menganita. Pero lo mejor de todo, según él, es que gracias a su carisma y encanto personal, los piropos y requiebros que decía no caían en saco roto, porque las niñas le dirigían las más pícaras miradas, las más resplandecientes sonrisas y las más espectaculares batidas de cabello. Sin embargo, a

     Anahís Marín

pesar de tener un amplio abanico de admiradoras, la chica que realmente le gustaba, la que le robaba los suspiros, el sueño, el pensamiento... TODO, la que le hizo inspirarse e inventar uno de sus más atrevidos piropos: "¡Oh, eres agradable!", era Susana.

—JA JA JA —estallamos Chúo y yo en carcajadas cuando Pincho nos reveló este producto de su inspiración.

El único problemita era que Susana, que así se llamaba la chica culpable de los desvelos de Pincho, era una muchacha de unos veintitantos años... ¡Casi nada! Estudiaba en la universidad la carrera de ingeniería o algo así, y sabía de la existencia de Pincho solo porque vivía a unas cuantas casas de él.

En cuanto a mí, pues yo contaba en nuestras tertulias lo que hacían los demás o lo que le pasaba a los demás, hasta que un día me pasó algo a mí... y bien malo, por cierto. Ese día en mi salón de clases, la maestra anotó en la pizarra algunas operaciones matemáticas que debíamos resolver, luego me dijo ¡a MÍ!, ¡solo a MÍ!, ¡únicamente a MÍ!, que resolviera la primera operación. Yo lo hice, terminé la operación, puse la tiza en el escritorio, caminé lentamente hacia mi lugar y me senté en mi pupitre. No tuve tiempo de reaccionar. Apenas me había sentado cuando sentí un fuerte golpe en mi pierna izquierda, luego otro golpe...y otro...y otro, ahora en ambas piernas. Cuando me percaté de lo que estaba pasando, pude ver que mi maestra me estaba golpeando con su cinturón rojo, con el eterno cinturón rojo que usaba para 'disciplinar y enseñar' a sus alumnos. Cuando acabó conmigo, mis piernas estaban llenas de cardenales. Yo lloraba como una descosida, ¡y todo por no haber sabido cuánto era 9x8!

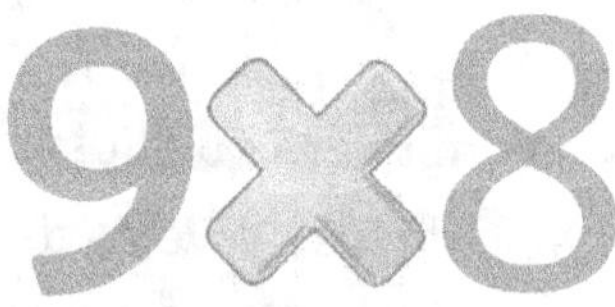

Se suponía que un niño de tercer grado debía saber la tabla de multiplicar "al derecho y al revés", decía mi maestra, quien por cierto se llamaba Esperanza, pero

 Anahís Marín

cuyo nombre combinaba con ella tanto como combinaban el bicarbonato y el vinagre.

Aparte de nuestras aventuras, flirteos y tragedias en el colegio, también hablábamos sobre otras cosas, como por ejemplo, del mal comportamiento de algunos muchachos del vecindario. A Chúo y a mí no nos dejaban salir a jugar a la calle, pero a Pincho sí se lo permitían sus padres, de manera que él podía enterarse fácilmente de los chismes gracias a una poderosa y eficiente red infantil de inteligencia vecinal. Así pues, Pincho siempre nos traía noticias frescas, como por ejemplo, que a Julián y sus amigos los sorprendieron fumando en el patio trasero de la casa de uno de ellos; que Damián por estar patinando a velocidades supersónicas en un lugar estrictamente prohibido por sus dueños, se cayó de frente y se golpeó la cara; la cereza del pastel fue que perdió dos dientes delanteros y se le hinchó muchísimo la boca, de manera que vino a quedar como un oso hormiguero, sin dientes y con la boca proyectada hacia adelante.

En fin, nosotros hablábamos sobre casi cualquier cosa que veíamos o escuchábamos.

Un día, les dije a Chúo y a Pincho que les contaría algo sumamente extraño que había visto, pero que debían jurar por todos los dioses que no lo contarían a nadie. Así lo hicimos, ellos juraron, todos enganchamos nuestros meñiques y yo comencé a contar:

—Era bien tarde en la noche y yo me desperté porque escuché unos ruidos extraños. Me levanté y fui caminando descalza a la habitación de papá y mamá.

—¿Y no te dio miedo? —preguntó Pincho.

—Pues sí, pero quería avisarle a papá que escuché unos ruidos raros.

—Ajá, ¿y qué más? —apresuró Chúo, que parecía desesperado por enterarse del cuento.

—Bueno, chicos, cuando llegué a la habitación la puerta estaba entreabierta, me asomé, todo estaba medio oscuro, solo estaba encendida la luz de la lamparita. Entonces vi que papá estaba encima de mamá moviéndose raro, parecía que a mamá le dolía algo porque estaba quejándose. Y bueno, yo ya no quise decir nada sobre los ruidos y en punticas de pie, me devolví a mi cuarto.

Anahís Marín

—Ay, ¿pero por qué no entraste, chica? —demandó Chúo.

—¿Por qué va a ser? Porque si entro, papá me hubiera dado un pescozón.

Acto seguido nos enfrascamos en una discusión sobre por qué jurar por todos los dioses, y por cuánta deidad había en el mundo, que no revelaríamos a nadie el soponcio nocturno de mamá.

—¿Pero no ves que es algo raro? —espeté.

—¡No hombre, Hiti! ¡Qué raro va a ser! A lo mejor el soponcio ni siquiera le vuelve a dar —dijo Chúo.

—Bueno, bueno, bueno, muchachos, todo está bien; no discutan, "pequeños saltamontes".

Así era Pincho; solía tomar frases y palabras de los programas de televisión. Y este "pequeños saltamontes" lo había tomado de la serie "Kung Fu". Pincho se quedó pensativo un rato y dijo:

—Aunqueee…

—¿Aunque qué? —dijimos a coro Chúo y yo.

—Que esto de que solamente nosotros tres sepamos algo, me parece de lo más chévere. ¡Vamos a hacer una cosa! Cuando alguno de nosotros vea, escuche o haga algo importante, primero lo habla únicamente con nosotros y así queda como un secreto, como si fuéramos una organización secreta.

—¿Cómo los masones? —pregunté emocionada. Papá nos había hablado alguna vez sobre los masones y nos había dicho que sus actividades eran secretas. ¡SE-CRETAS!

La idea de pertenecer a una sociedad secreta me emocionaba mucho, ya me imaginaba yo, reuniéndonos cada quince días, a la media noche, en una cueva tene-brosa, en las afueras de la ciudad y nosotros tres vestidos con túnicas largas, con tatuajes extraños por todo el cuerpo, alumbrándonos solo con velas y prestos a empe-zar un sorprendente rito de iniciación.

La voz de Pincho me sacó de mi loco desvarío.

—¡Eso es! ¡Vamos a hacer una sociedad secreta!

—¿Una sociedad secreta?, ¿ajá y qué actividades va a hacer esa sociedad secreta? —quiso saber Chúo.

 Anahís Marín

Y viene Pincho y dice con su cara muy lavada estas aladas palabras:

—¡Ay, yo no sé!

—¡Cómo que no sabes! —exclamé. —¡Nos dices que formemos una sociedad secreta y entonces no sabes qué vamos a hacer!

Pero Pincho manifestó, con una frescura que sería la envidia del mismo viento:

—Ay, pero bueno, hoy podemos bautizar nuestra sociedad y después vemos qué cosas vamos a hacer. Yo ya tengo el nombre.

—¿Y cuál es? —quise saber.

Pincho, asumió una postura de solemnidad, digna de una celebración litúrgica y manifestó orgullosamente, pronunciando muy bien y lentamente cada una de las sílabas:

—Somos La Tribu Yuka-Yuka.

—¡La Tribu Yuka-Yuka! —coreamos Chúo y yo.

Y así, sin saber exactamente qué actividades haría esta sociedad secreta, empezó la Tribu Yuka-Yuka. Lo que tampoco sabía ninguno de nosotros, era que nuestra recién creada tribu, muy pronto empezaría a realizar sus actividades.

Capítulo 3
NUESTRO CÓDIGO SECRETO

Nuestra relación, la de los miembros de La Tribu Yuka-Yuka, estaba llena de conversaciones, complicidades, juegos y mucha, mucha risa. Generalmente, pasábamos el tiempo en el cuarto de Chúo o en el patio trasero de nuestra casa.

Nuestro patio era bastante grande. Papá decía que toda casa debía tener patio porque "casa sin patio no es casa". ¡Y qué bueno que pensara eso! Hacia el final de la casa el patio se abría en un gran espacio cuyo piso era de cemento y en el centro, en un cuadrado, mi abuelo paterno había sembrado hacía varios años, una mata de mango que ahora estaba grande y daba unos mangos espectaculares.

Luego del 'patio de cemento', que así lo llamábamos, venía el 'patio de tierra'; este patio estaba lleno de árboles frutales, y pese al calor tan tremendo que hacía en nuestra ciudad, este lugar era muy fresco. Allí había árboles de tamarindo y guayaba, cuyos frutos agarrábamos directamente de la mata y los comíamos así, sin más ni más. También había árboles de guanábana, coco, lechosa y un arbolito de granada que, aunque era muy delgadito, daba unas granadas enormes y que yo comía con una cara de satisfacción indescriptible.

Allí mismo, a ese enorme, fresco y muy querido patio, íbamos nosotros, cada uno con una sillita, y después de caminar un rato por entre los árboles, supuestamente explorando, solíamos sentarnos a conversar sobre los temas más diversos y a reírnos por cualquier tontería. A veces, cuando algún grande[3] aparecía por allá, cerca de nosotros, súbitamente dejábamos de hablar, pero no porque estuviéramos hablando de algo malo o prohibido, sino porque sentíamos que nuestras conversaciones eran eso mismo: NUESTRAS.

Por otro lado, Chúo solía decir que sería buenísimo hablar de otra forma, porque así podíamos hablar tranquilamente delante de los grandes sin que ellos se enteraran ni un poquito de lo que estábamos hablando. Además, ver sus caras de incertidumbre cuando no entendieran lo que decíamos, seguramente resultaría graciosísimo.

---

[3] Se hace referencia a algún adulto.

Fue así como una tarde, una de esas tardes en que nos creíamos Tarzán y nos íbamos a explorar al patio trasero, Chuo tuvo la maravillosa idea de inventar un código secreto. Sí, un código secreto para poder comunicarnos delante de cualquier individuo sin que este pudiera descifrar el mensaje. El código en cuestión consistía en invertir las sílabas de cada palabra, de manera que si queríamos decir, por ejemplo, "quiero comer arepa", al traducirlo a nuestro código secreto, o lo que es lo mismo, al idioma Yuka-Yuka, quedaría "ro-quie mer-co pa-re-a".

Por supuesto que para hablar este "idioma", teníamos que saber separar muy bien todas las sílabas de una palabra, pero para Chúo y para mí ese no era un problema. Nuestro gusto por la lectura nos daba una habilidad especial para este menester. A Pincho le costó un poco más de trabajo, pero ya lo dice el dicho, la práctica hace al maestro.

Y sí, practicábamos todo el tiempo. Al principio, con un pedazo de carbón, escribíamos las palabras en el piso del patio de cemento para poder visualizar mejor las sílabas. En corto tiempo llegamos a hablar en Yuka-Yuka casi a la misma velocidad que en el habla regular. Era cosa común escucharnos decir:

—No me ta-gus ta-es da-mi-co.

Los monosílabos indefectiblemente tenían que quedar tal cual, pero con todo y eso, a los adultos que escuchaban nuestro idioma, les quedaba sonando la campanita de la duda.

—¡Te-ja-ba de hí-a, do-pi-rra

—Go-ten que cer-ha cha-mu a-re-ta

—Na-ña-ma mos-li-sa a rar-plo-ex.

Y así casi todo el día. Era común escucharme decir:

—No ro-quie más da-mi-co.

Debo decir que yo era flaca, flaca, flaca. Tan flaca que fácilmente cualquier organización humanitaria hubiera podido escogerme como modelo para una campaña concientizadora sobre el hambre en el mundo. Yo era muy mal diente; mi apetito brillaba por su ausencia.

Pero bueno, lo cierto del caso es que estábamos contentísimos de poder hablar con entera libertad de todo aquello que, según nosotros, podía percibirse como inapropiado por parte de los grandes.

　　　　　　　　　　　　Anahís Marín

Sucedió que una tarde estábamos los tres en la bodega. Chúo solía pasar largos ratos con papá en la bodega, de manera tal que aprendió a despachar la mercancía y a dar el vuelto a los clientes. Pincho y yo estábamos disque "ayudando" a Chúo. Papá estaba ocupado llenando unos anaqueles con víveres y en eso, entra una señora y viene Chúo y dice:

—Ra-mi sa-e ja-vie.

Yo inmediatamente la miré y no tuve necesidad de preguntarle a Chúo qué cosa quería exactamente que yo viera, porque "aquello" se veía a tres tiros de escopeta. La señora en cuestión tenía sobre el labio superior un lunar, o verruga, o cadillo, o qué sé yo. El caso es que cada vez que ella hablaba, la protuberancia se movía acompasadamente arriba... abajo... arriba... abajo. Yo no podía quitar la vista de aquel tuyuyo, me tenía hipnotizada... hubiera podido pasar la vida entera mirándolo... no podía escuchar lo que ella decía ni lo que papá contestaba, temía que en cualquier momento el tuyuyo cobrara vida y me saltara encima.

—¡Ja-de ya de rar-mi con sos-e jos- o de ca-lo! —espetó Chúo.

—¡Hiti! ¡Hiti! —llamó Pincho.

Pero fue necesario zarandearme por un hombro para que saliera de este trance. Lo cierto del caso, es que este código secreto nos resultaba muy, pero que muy útil para hablar a nuestras anchas de cualquier cosa pero, sobre todo, nos resultaba divertido, ya que solíamos reírnos como unos dementes ante las distintas reacciones de los grandes cuando escuchaban nuestra particular forma de hablar.

Papá les decía a sus clientes en la bodega: *"¡Estos muchachos no se cansan de inventar trapisonderías!"*; lo decía moviendo la cabeza de un lado a otro, pero soltando al final de la frase una sonora carcajada. Hubiera sido bueno que grabáramos muy bien en nuestra memoria la risa franca de papá, porque pasarían muchos días antes de que él volviera a reír.

Capítulo 4

LA VIDA TE DA SORPRESAS[4]

Papá siempre fue un hombre muy fuerte. De joven había sido pescador artesanal, lo cual suponía realizar un trabajo sumamente duro, empezando por dormir muy poco, pasar larguísimas jornadas en altamar bajo el sol o la lluvia, estar expuesto al frío, al calor, a las tormentas y mares agitados.

En su bodega, el trabajo no era muy liviano que digamos. Papá se levantaba a las 5 de la mañana de lunes a domingo, debía cargar las neveras con jugos, leche, refrescos, en fin, diferentes tipos de bebidas. También debía cargar pesados sacos de yute que contenían azúcar,

---

[4] Este es un verso de una canción muy de moda por esos días. La canción en cuestión es "Pedro Navaja" del cantautor panameño Rubén Blades.

frijoles, etc; colocar víveres en los anaqueles y cortar el queso. El queso blanco fresco venía convertido en enormes bloques que papá cortaba en pequeños pedazos con una cuerda de guitarra para venderlos al detal. Finalmente, en la noche, después de cerrar el negocio, él debía hacer la contabilidad. Lo dicho, era un trabajo duro, pero papá lo hacía con entusiasmo, con buena disposición de ánimo.

Aparte de esto, también realizaba reparaciones domésticas en casa cuando era necesario. Un día en que estaba arreglando unos cables en el techo de la casa, se cayó de una escalera y acto seguido se levantó como si nada. Así de fuerte era.

Cierto día se levantó en la mañana sintiéndose mal, se quejó de tener náuseas y sentirse muy fatigado. Mamá le preparaba un té de manzanilla mientras le decía: *"seguro que algo te cayó mal en el estómago, es que tú no paras de mover el diente"*. Y era verdad, papá era muy bueno para comer y además se ufanaba diciéndole a todo el que entraba a comprar en la bodega: *"yo como hasta piedras"*.

Papá se tomó el té de manzanilla y se fue a dormir. Al día siguiente papá amaneció con fiebre y con dolores en el cuerpo, en el trascurso del día se fue sintiendo peor, de modo que mamá decidió llevarlo al hospital.

Las horas transcurrían lentamente y papá y mamá no regresaban del hospital. Abuelo llegó para informarnos que papá debía quedarse hospitalizado por un tiempo y mamá estaría con él, en el hospital.

Así las cosas, nos tocó quedarnos solos en casa. Abuelo venía varias veces al día para comprobar que hubiéramos comido, hecho las tareas de la escuela y que todo marchara bien con nosotros. Abuelo vivía muy cerca de nosotros; de hecho, era la misma casa donde vivía Pincho, allí vivían abuelo, abuela y Pincho con su familia.

Abuelo era un hombre bien alto, con la piel curtida por el sol porque también él fue pescador en su juventud. Su voz era fuerte y su presencia imponente, tenía un carácter afable, pero cuando se enojaba... ¡Sálvese quien pueda! A mí me gustaba mucho cuando nos contaba historias de sus años mozos, de cuando se hacía a la mar en busca de cardúmenes de lisas y lebranches o cuando prestaba servicio militar en la época terrible de la dictadura, o, mejor aún, de cuando enamoró a la abuela. Estas historias eran para mí como agua de vida; imaginaba yo al abuelo en una aventura o en otra, caminando, corriendo, nadando; pero curiosamente, en mi recreación de las aventuras del abuelo, él siempre estaba tal como en este momento, viejito. En fin, mi imaginación era una cosa loca.

Pero volviendo a la realidad, el abuelo vino a ser en este momento crítico, algo así como nuestro guardián. Nosotros nos levantábamos bien tempranito, como siempre lo hacíamos, para ir a la escuela. Después de la escuela, llegábamos a casa y la bodega estaba cerrada. El sustento de nuestra familia lo constituía la bodega de papá, atendida por papá y todo era papá. De manera pues, que el panorama era el siguiente: era necesario, ¡qué digo necesario!, era imprescindible que se abriera la bodega y se hicieran todas las cosas que hacía papá. Necesitábamos dinero para sostener la casa, pero, además, en el hospital estaban solicitando algunas medicinas para el tratamiento de papá y esas medicinas, ¡había que comprarlas! Las cartas estaban echadas y Chúo, con toda la determinación, la fuerza y el coraje de que es capaz un niño de diez años que de golpe y porrazo se ve convertido en el jefe de la familia, en el proveedor de nuestra familia, aseguró:

—¡Yo voy a abrir la bodega!

Y Pincho y yo inmediatamente saltamos a decir:

—¡Nosotros te ayudamos!

Hasta ahora, La Tribu Yuka-Yuka solo había significado risas, bromas, juegos y nuestra candorosa creencia de que éramos una organización secreta. Pero ahora, los miembros de la tribu íbamos a enfrentar una prueba de fuego, teníamos que generar los recursos para sostenernos y para sufragar la enfermedad de papá. De manera que, al día siguiente, la bodega "**El Emporio**" abrió sus puertas nuevamente, y al frente del negocio, tres pequeños dependientes: Chúo, Pincho y yo; La Tribu Yuka-Yuka en pleno.

Así pues, todos los días después de la escuela, llegábamos a abrir la bodega. Afortunadamente, papá había enseñado a Chúo todo, o al menos, casi todo lo que había que saber acerca de aquel pequeño negocio. En cuanto a atender a los clientes, los tres podíamos despachar la mercancía, principalmente víveres. Pero cuando se trataba de resolver una operación matemática bastante larga porque el cliente hubiera llevado muchos víveres, entonces era Chúo quien se encargaba de esa parte.

El negocio lo cerrábamos como a las ocho de la noche más o menos; papá lo cerraba a las nueve. El horario de la bodega, con papá al mando, era de seis de la mañana a nueve de la noche, de lunes a domingo, pero nosotros cerrábamos un poco más temprano porque al final de la jornada debíamos limpiar la bodega, cargar las neveras, llenar los anaqueles e intentar Pincho y yo, ayudar a Chúo con la contabilidad. Pero eso no era todo, después de este trabajón, teníamos que cumplir con nuestros deberes escolares y al día siguiente levantarnos muy temprano para ir a clases. Pero como no todo en la vida es trabajo, trabajo, trabajo, siempre salía al paso una oportunidad para divertirse y la nuestra, estaba a punto de presentarse ante nuestras narices.

Capítulo 5
UN ARMA POCO ORTODOXA

Pues sí, el trabajo en la bodega era agotador. La jornada de trabajo nos parecía extremadamente larga; deseábamos con ansias que llegara el fin de semana porque si bien trabajábamos en la bodega todos los días, al menos sábado y domingo no íbamos a la escuela y eso nos permitía dormir un poquito más.

Cierto día, mamá llegó del hospital llorando y se encerró en una habitación a hablar con abuelo. Nosotros queríamos saber qué pasaba, pero papá y mamá siempre nos decían que los niños no debían intervenir en las conversaciones de los adultos, y esta vez no fue la excepción; mamá no quiso que escucháramos la conversación.

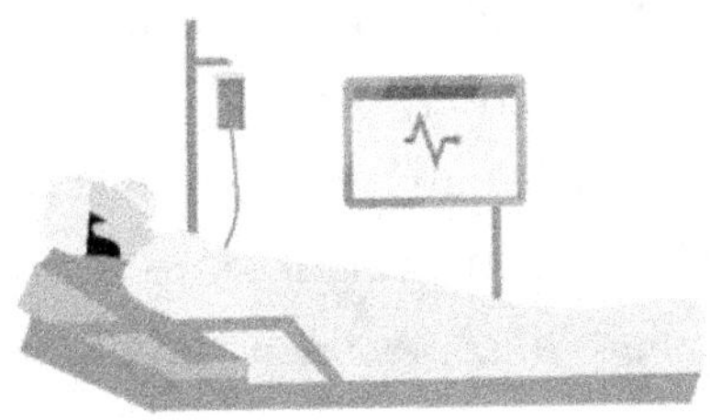

Sin embargo, nos enteramos de manera extraoficial y eso porque escuchamos una conversación entre abuelo y abuela, que papá tenía neumonía; de manera que debía permanecer un tiempo más en el hospital. Ver a mamá llorando, saber que papá tenía una enfermedad, que yo no sabía cómo era, pero a juzgar por la cara de los grandes, no debía ser nada bueno, me dio mucho miedo.

Ante este panorama, Chúo determinó:

—Tenemos que seguir trabajando.

Pincho y yo asentimos con la cabeza. Ninguno de los tres dijo nada.

Bueno, pues continuamos con nuestro trabajo en la bodega. Día a día íbamos acostumbrándonos a esta rutina; Pincho y yo íbamos mejorando en resolver cuentas, de manera que ya podíamos cobrar a los clientes la mercancía y darles el vuelto sin la ayuda de Chúo.

Chúo era muy listo para estos menesteres, papá lo había enseñado muy bien. En realidad, mucho de lo que sabíamos nos lo había enseñado papá. De hecho, él nos enseñó a leer, escribir, sumar y restar. Eso lo aprendimos en casa porque papá y mamá decían que un niño debía entrar a la escuela directamente a primer grado de primaria, a los siete años, es decir, sin pasar antes por el kíndergarden. Y eso lo pensaban porque cuando Chúo tenía cinco años, mamá lo inscribió en el kínder. Al final del primer día de clases, cuando pasó a recogerlo a la escuela, la maestra le entregó a mamá el listado de útiles escolares. Cuando papá leyó el listado y vio que entre los mencionados útiles pedían una colchoneta, inmediatamente le dijo a mamá que había que retirar al niño de la escuela.

—¡Cómo que una colchoneta! ¿Acaso yo mando el muchacho a dormir pa' la escuela? No, no, no, mejor se queda en la casa y aquí le enseñamos más que en ese fulano kínder, y cuando cumpla siete, se va derechito a primer grado.

Y así se hizo. Luego llegó mi turno y también pasé directo a primer grado. A mí, papá no me enseñó el manejo del negocio porque era mujer. Él decía que yo debía aprender a cocinar y Chúo, por ser hombre, debía aprender las cosas del negocio.

Pero bueno, ahora estábamos ahí los tres vendedores estrella, echando el negocio adelante y sacando la cara por la familia. Nos sentíamos bien, aunque ya no hacíamos nuestras sesiones de juegos, de conversaciones, ni salíamos al patio trasero a explorar; en fin, no había mucho tiempo para eso.

Un día, yo salí por breves momentos al patio y vi que la mata de granada ya tenía unas granadas enormes. Me acerqué a la mata y tomé una de las frutas. Estaba rojita, madura, provocativa; intenté abrirla y escuché el característico 'crac' que hace la cáscara al partirse. ¡Dios mío, estaba deliciosa! Comí aquella fruta como si fuera la última granada en el mundo. Tomé cuatro granadas más y corrí hacia la bodega, ya que Chúo y Pincho no podían perderse este festín.

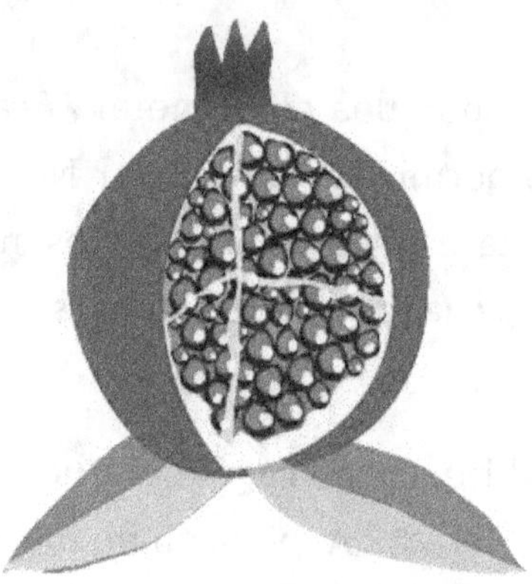

Tal como lo pensé, Chúo y Pincho agradecieron y disfrutaron la suculenta merienda. Como hacía varias semanas que no andábamos por el patio, no nos habíamos percatado que para este momento, algunos de los árboles ya tenían frutas maduras. Así pues, comimos las granadas con gran alborozo, luego fuimos colocando las semillas a lo largo de un mostrador y jugando con ellas, hasta que se hizo la idea en mi cabeza.

Recordé que papá guardaba unas cajas de pitillos[5] en algún lugar, en alguna de las vitrinas, de manera que empecé a buscarlas ora por aquí, ora por allá, frente la mirada de incertidumbre de mis "compañeros de negocios", quienes preguntaban:

—Pero, ¿qué es lo que buscas, Hiti?

---

[5] Pajilla, pajita, popote, sorbete, bombilla.

   Anahís Marín

—Los pitillos, chicos, estoy buscando los pitillos —respondí con cara de circunspección, como quien busca el elixir de la vida. —Ayúdenme a buscar y ya les explico.

Finalmente, Pincho los encontró en una vitrina larga, muy cerca de nosotros.

—¡Ajá, esto era lo que yo quería! —expresé alegremente. —Ahora vean esto, muchachos...

Tomé uno de los pitillos, metí una semilla de granada en él y casi en un solo movimiento soplé con fuerza por uno de los extremos. El disparo fue certero, ya que la semilla aterrizó justo en el pecho de Chúo. Los tres estallamos en una sonora carcajada, y acto seguido, empezamos a dispararnos entre nosotros con estos singulares proyectiles, cuyo impacto no era doloroso en absoluto.

La verdad es que jugando con esta arma nos divertimos un montón. Hacía bastante tiempo que no nos reíamos con tantas ganas. Pero como la diversión nunca parece suficiente y después de todo este era un juego inofensivo, a Pincho se le ocurrió la magnífica idea de usar nuestra arma con los clientes, o mejor dicho, ¿contra los clientes?

Los tres estuvimos de acuerdo. De manera pues, que cuando entró a la bodega el primer cliente después de nuestra conversación, nos miramos maliciosamente, como se miraban los malhechores en las novelitas de vaqueros que leíamos Chúo y yo. Se trataba de una muchacha que vivía a unas pocas cuadras de nuestra casa, ella compró un pollo y medio kilo de queso, pagó y cuando se dio la vuelta para salir del local, yo disparé. En eso quedamos, por cada cliente que entrara, solo uno de nosotros dispararía, ya que, si lo hacíamos los tres al mismo tiempo, iba a ser demasiado obvia nuestra comisión del delito.

La muchacha sintió algo en la espalda, volteó a mirar qué pasaba, nos miró a nosotros, pero nuestras caras tenían en aquel momento tal aspecto angelical, que se diría que aquel pequeño negocio era atendido por tres serafines.

Así estuvimos varios días, alternando el trabajo con la diversión. Y la diversión significaba usar nuestra recién adquirida arma para disparar semillas de granada. Un día entró al negocio un señor bien alto, fornido y con cara de 'suelo comer niños fritos'. Hasta ahora solo habíamos usado el arma con gente pequeña, pero intentar usarla ahora con un adulto y este adulto no era precisamente un alfeñique, significaba un verdadero acto de audacia. Él compró algunos víveres, pagó y se dispuso a salir, fue entonces cuando Chúo disparó y la semilla impactó en su brazo izquierdo. Él sintió el golpecito, se tocó el brazo, pero no le dio importancia y se disponía a seguir su camino. Pero, por razones para mí inexplicables, algunas personas deciden correr riesgos innecesarios en la vida, de manera que, esta vez, Chúo y Pincho dispararon sus proyectiles. Uno de ellos fue a dar en la espalda del mastodonte y el otro se acomodó justo en su nuca.

Para qué decir lo asustada que yo estaba y más aun cuando aquel hombre se volteó, tomó la semilla de granada de su nuca, la miró, nos miró a nosotros, miró nuevamente la semilla y una vez más a nosotros. Pensé: *"Oh, oh, La Tribu Yuka-Yuka está en problemas"*. El hombre abrió la boca y con una voz atronadora espetó:

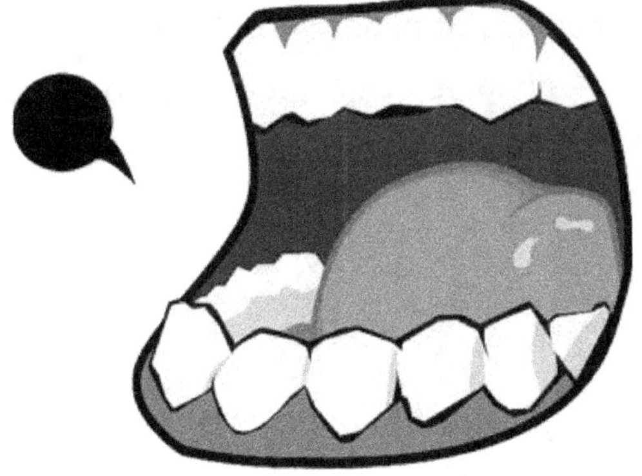

—¡Ustedes no respetan, carajo!

Nosotros nos mirábamos con los ojos abiertos como platos. El hombre seguía gritando y pidiendo hablar con nuestros padres, decía que lo que necesitábamos era una paliza. Yo, como pude, en medio del alboroto, le dije que nuestros padres no estaban en casa y él gritó que regresaría otro día a poner las quejas por nuestra falta de respeto. Finalmente, Brutus[6] salió de la bodega murmurando y haciendo ademanes exagerados.

Nosotros nos quedamos impresionados, comentando el hecho y dando gracias porque este hombre, quiero decir, Brutus, no conocía al abuelo, de manera que no había forma que pudiera contarle lo de las 'semillitas'.

Bueno, pues ya más tranquilos, relajados, decidimos seguir trabajando muy juiciosos y no volver a usar, al menos por el resto del día, nuestra inofensiva, pero enfadosa arma. Sin embargo, como ya quedó dicho, algunas personas parecen disfrutar de las emociones fuertes, y si el evento con Brutus había causado una fuerte impresión en nuestro ánimo, lo que estaba a punto de ocurrir iba a disparar nuestra adrenalina.

---

[6] Enemigo de Popeye.

 Anahís Marín

Capítulo 6
EL "MEDIO CALUNTUNTENTE"

Pasaron varios días sin que ocurriera nada realmente extraordinario. Abuelo venía a la casa varias veces al día, se cercioraba de que todo estuviera bien y nos traía comida hecha por abuela que, demás está decirlo, era deliciosa, como lo son todas las comidas hechas por las abuelas.

¡Ojo!, no quiero decir con ello que la comida de mamá era insípida, por el contrario, mamá era una excelente cocinera. Claro, abuela le había enseñado, como me estaba enseñando mamá a mí los días previos a la enfermedad de papá. Mi primera lección fue cómo hacer arepas que resultaran comestibles para un ser humano y francamente, no lo hice tan mal. Es cierto que no me quedaban tan redonditas como las de mamá, pero una vez cocidas y rellenas, quedaban de locura. Modestia aparte.

Bueno pues, en nuestros días en la bodega, íbamos dejándonos llevar por la corriente. Aparte de vender la mercancía que estaba en los anaqueles y en las neveras, a veces nos tocaba vender alguna mercancía que estaba en un depósito que papá tenía al lado de la bodega. Ir a ese depósito no era una tarea muy agradable que digamos. Ese lugar era demasiado polvoriento y lleno de telarañas; solo papá solía entrar allí y para acabarla de componer, era medio oscuro, gracias al minúsculo bombillo que colgaba tímidamente del techo. Ah, y se me olvidaba, en ese condenado depósito hacía un calor de los mil demonios, me parecía que si pasábamos más de media hora en ese lugar, explotaríamos como cotufas[7].

A Chúo le tocó, además, hacer negocios con todos los proveedores que surtían de mercancía a papá. Siempre en presencia de abuelo, Chúo hacía las transacciones, de manera que estos proveedores dejaban la mercancía con nosotros y podíamos pagarles en cómodas cuotas. La verdad, es que fueron muy comprensivos y condescendientes con nosotros, sobre todo, porque conocían a

---

[7] Palomitas de maíz.

 Anahís Marín

papá desde hacía muchísimos años y estaban enterados de su delicado estado de salud.

Mamá, por su parte, llegaba todas las tardes del hospital, tomaba un baño, comía algo, empacaba un pequeño contenedor con comida, algunas frutas, un termo con avena que abuela le traía y regresaba nuevamente al hospital. Ella se iba con la tranquilidad de saber que abuelo velaba por nosotros. Y así era. Abuelo llegaba a la casa a las seis de la mañana para cerciorarse de que nos levantáramos y no llegáramos tarde a la escuela, al mediodía estaba nuevamente en casa con nuestro almuerzo, en la tarde llegaba otra vez y así hasta la noche.

Los momentos en los que abuelo no estaba en casa eran los que La Tribu Yuka-Yuka aprovechaba para hacer bromas y travesuras como la de las semillas de granada. Yo creí que el alboroto que había armado aquel señor cuando recibió su semilla de granada en la nuca, había sido suficiente como para no molestar más a los clientes. ¡Cuán lejos estaba yo de la verdad! ¡Y cuán candorosa resultaba mi creencia!

No sé cómo, cuándo, dónde, ni por qué, se le ocurrió a Chúo la idea de gastarles otra broma a los clientes. Se trataba de "el medio caluntuntente".

Un medio es una moneda pequeñita plateada de veinticinco centavos. En cuanto a la palabra "caluntun-tente", pues era una invención de Chúo que seguramente provino de la asociación con la palabra 'caliente'.

Chúo nos explicó su idea y Pincho y yo estuvimos de acuerdo. Acordamos hacer la broma a aquella persona cuyo vuelto fuera igual a 25 centavos. De modo que lo único que hacía falta era llevar a cabo el plan. Así pues, entró a la bodega el hijo mayor de nuestro vecino de al lado, un muchacho un poco mayor que nosotros, de unos catorce años, alto, moreno, de pelo rizado y cara de "yo no fui". Él compró algunas galletas y chocolate y… ¡Zas!, ¡su vuelto era de 25 centavos! Así que ni cortos ni perezosos nos movimos rápidamente; yo le dije al muchacho que esperara un momento por su vuelto, Chúo, en la parte trasera de la bodega, agarraba la pequeña moneda con una pinza, mientras Pincho, con un encendedor la calentaba. Minutos después, apareció Chúo con la moneda, la colocó en el mostrador y con una enorme sonrisa y los ojos entrecerrados, le dijo al muchacho:

—Aquí está tu vuelto.

El incauto tomó la moneda, pero tan pronto como la agarró, la arrojó al mostrador soltando una palabrota. Su cara se había transformado; de ser persona pacífica, casi angelical, pasó a ser rápidamente el hermano menor de Godzilla. El muchacho gritó, pataleó, nos insultó, pero

nosotros parecíamos de hule y todo lo que decía nos res-
balaba, hasta que dijo que iría a decírselo a abuelo.

—¡Ay, no! ¡Decírselo a abuelo, no!

El "Pollino", el sobrenombre con el que se conocía
a este muchacho en el vecindario, caminó rápidamente y
se dispuso a salir del local con rumbo a la casa de abuelo.
La casa de abuelo estaba apenas al cruzar la calle, de manera que yo sentí las palpitaciones de mi corazón tan in-
tensas, que creí que los demás podían escucharlas. Pincho, intentando echar mano de unas habilidades diplo-
máticas que no sabíamos si tenía, fue tras él. Chúo y yo
nos quedamos en la bodega, detrás del mostrador, y
desde allí podíamos ver claramente, mas no escuchar,
cómo Pincho hablaba con el "Pollino". Los dos gesticula-
ban, el ofendido muchacho hacía ademanes de disgusto
que expresaban claramente lo que sentía. Pincho seguía
intentando, pero aquello no estaba funcionando. El "Pollino" nuevamente emprendió la marcha hacia su obje-
tivo.

El enviado diplomático, Pincho, regresó con nosotros y los tres empezamos a quejarnos lastimeramente de
nuestra mala suerte, de tal modo que, si alguien ajeno a
este evento nos hubiera visto y escuchado, habría pen-
sado como mínimo, que éramos unos condenados a
muerte.

Las cartas estaban echadas. En un santiamén, abuelo se enteró de nuestra barrabasada. Nos quedamos muy quietecitos, esperando, imaginando qué tendría el abuelo preparado para nosotros. Porque eso sí, cuando el abuelo se enojaba, todo individuo tenía que correr por su vida.

¡Bien pronto conocimos la opinión de abuelo sobre esta travesurita!

Capítulo 7

ABUELO SE TRANSFORMA EN UN MONSTRUO VERDE

Ese día, después de que el "Pollino" fuera con el chisme al abuelo sobre el medio caluntuntente, esperamos todo el día a que abuelo apareciera enfurecido a reclamarnos y regañarnos; pero no fue así, no apareció por la bodega. Todo el tiempo estuvimos con los nervios de punta, cualquier persona que llegaba, creíamos que se trataba de él, si escuchábamos unos pasos, pensábamos que era él, hasta el más mínimo aleteo de un mosquito nos parecía que era él. Sin embargo, nada pasó.

Dieron las ocho de la noche y llegó la hora de cerrar la bodega, así lo hicimos y de inmediato, empezamos nuestras labores nocturnas de rutina. Los tres emprendimos la tarea de abrir cajas de mercancías diversas y colocarlas en los anaqueles, después pasamos a cargar las neveras con refrescos y jugos; luego mover cajas aquí y sacos allá, finalmente, Chúo se dedicó a hacer la contabilidad y Pincho y yo nos ocupamos de limpiar los mostradores, barrer y trapear el piso.

Precisamente, cuando más afanados estábamos en nuestras tareas, se cumplió lo que tanto habíamos temido: en el umbral de la puerta de la bodega, pero del lado que daba hacia la casa, se recortaba la figura de abuelo.

Se veía imponente, alto, severo y aquel ceño fruncido le daba un aspecto de mayor gravedad. Yo empecé a temblar como una hojita en medio de una tormenta, mi respiración se volvió agitada, podía sentir claramente cómo palpitaban mis sienes y algo así como un mareo me invadió. De pronto, pudimos ver con asombro cómo una vena hinchada atravesaba la frente de abuelo, sus ojos llameantes iban poco a poco inyectándose de sangre, el cabello de su cabeza empezó a levantarse y su piel, su piel, ¡la piel de abuelo se tornó color verde! ¡No! ¡Esto no estaba pasando! Sus músculos crecían y crecían, todo su cuerpo crecía. Entonces, abuelo dio un manotazo en uno de los mostradores y Pincho, Chúo y yo saltamos como impulsados por un resorte, presas del más profundo pánico. De repente, aquel colosal monstruo verde dio un rugido que yo estaba segura que se había escuchado a varios kilómetros a la redonda, acto seguido se abalanzó sobre nosotros con toda la intención de convertirnos en puré de Tribu Yuka-Yuka.

—Mijo, ¿qué fue lo que pasó?

La voz de abuelo me sacó de esta febril fantasía. Abuelo estaba de pie frente a nosotros y no tenía ni piel verde, ni ojos llameantes, ni cabello parado, ni nada de lo que había imaginado. Y la pregunta la estaba dirigiendo a Chúo, creo que por ser el mayor de nosotros.

Chúo intentó explicar lo que habíamos hecho, pero las palabras se le atropellaban en la boca. Luego, abuelo nos preguntó a Pincho y a mí exactamente lo mismo y el resultado no fue distinto.

—Lo que ustedes hicieron no tiene justificación —dijo abuelo. —Es peligroso para ustedes y para los demás, pudieron haber quemado gravemente la mano de "Pollino", pudieron haberse quemado ustedes, pudieron haber incendiado la bodega accidentalmente. ¿Cuántas veces se les ha dicho que no jueguen con candela, ah? ¡¿Cuántas veces?!

Nosotros no decíamos ni pío, estábamos con las cabezas bajas sintiéndonos culpables y más malos que Barba Azul.

—No los voy a sacar de la bodega porque ustedes están sosteniendo la familia, pero ustedes tienen que aprender que, todo lo que hacemos en la vida trae sus consecuencias y la consecuencia por esto que acaban de hacer con esta moneda caliente, es que van a tener que limpiar el depósito de arriba abajo.

—¿El depósito? —preguntamos los tres al mismo tiempo con cara de aflicción.

—Sí, el depósito —repitió abuelo. —Tienen que quitar todas las telarañas, limpiar cada una de las cajas, clasificarlas por tipo de mercancía, ponerles etiquetas con los nombres, barrer y trapear el piso.

Abrimos tanto los ojos, que casi se nos salen de las órbitas, pero no sirvió de mucho porque abuelo agregó:

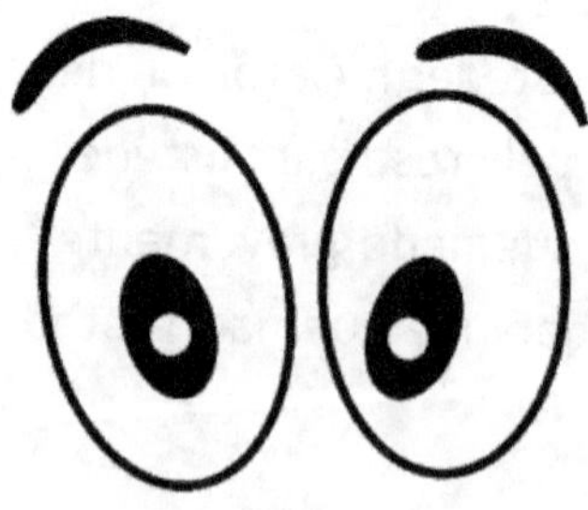

—Los quiero el sábado en el depósito a las cinco de la mañana, y el domingo también.

—¿El domingo también? —preguntó Pincho con una cara de congoja, que más parecía que iba rumbo al patíbulo, que a limpiar un depósito de mercancías. Bueno, a decir verdad, a ninguno de los tres nos hacía gracia la tarea encomendada, pero lo teníamos bien merecido.

Así pues, el día señalado por abuelo, nos levantamos bien temprano. Hacía muchos días que Pincho estaba durmiendo en la habitación con Chúo, de manera que no hubo necesidad de ir hasta su casa a despertarlo. Nos aseamos, tomamos un poco de café con leche y pan dulce y caminamos lentamente hacia el depósito, cual ganado rumbo al matadero. Demás está decir que, a las cinco en punto, ya abuelo estaba en nuestra casa (él tenía su propia llave) dispuesto a supervisar el trabajo de limpieza. Él había decidido que la 'operación limpieza' fuera temprano para que pudiéramos estar tres horas limpiando y luego abrir la bodega a la hora acostumbrada los fines de semana, es decir, a las ocho en punto.

Los tres entramos al depósito y francamente no sabíamos por dónde empezar. Había allí demasiadas cosas, demasiados objetos, cajas, demasiado polvo y... ¡arañas! No es que las arañas me hicieran entrar en pánico, pero tampoco me sentía cómoda sabiendo que unas señoras de ocho patas y un montón de ojitos andaban por ahí como Pedro por su casa y en cualquier momento podían saltarnos encima, sabe Dios con qué intenciones.

Empezamos desempolvando unas cajas que había en una mesa central. Yo sugerí que desempolváramos todo con unos paños de algodón, porque era mucho más fácil. Eso lo había leído en alguna parte y justo en ese momento, nos resultaba útil la información. Por otro lado, papá vendía paños de algodón, así que al menos por esa parte podíamos estar tranquilos.

El tiempo pasaba super lento. Es curioso pensar que cuando nos estamos divirtiendo, como ese día en los columpios del parque cercano a la escuela, el tiempo se iba volando, tan rápido que ni siquiera nos dábamos cuenta. Pero cuando estamos aburridos, cuando no la estamos pasando tan bien, cuando había que limpiar un depósito lleno de polvo y arañas, entonces parecía que el reloj se compinchara con abuelo para andar lo más lento posible.

Finalmente, después de tres horas de, literalmente, tragar polvo, abuelo nos dijo que podíamos ir a bañarnos y arreglarnos, porque había que abrir el negocio. Así lo hicimos. Abrimos la bodega, trabajamos y estuvimos casi todo el día lamentándonos porque al día siguiente nos tocaba madrugar nuevamente, o sea que nos quedábamos sin nuestro pedacito de fin de semana que era para dormir hasta más tarde. Pero bueno, había que reconocer que nos lo merecíamos.

Y si limpiar el depósito nos había parecido una tortura, lo que estaba a punto de ocurrir iba a rompernos el corazón.

De buena manera hubiéramos preferido limpiar veinte depósitos como ese, a tener que vivir lo que nos esperaba.

Capítulo 8
¿QUÉ PASÓ CON LA TRIBU YUKA-YUKA?

El domingo tuvimos la misma 'dosis' que el sábado: madrugar, limpiar el depósito, trabajar en la bodega, limpiar la bodega, hacer las cuentas, caer rendidos de cansancio, ¡ufff!, verdaderamente, no valíamos un penique. Pero finalmente lo hicimos, limpiamos y organizamos ese bendito depósito y ahora podíamos recuperar la rutina que estábamos haciendo desde hacía varias semanas, pero eso sí, sin inventar ideas raras, porque a la hora de imponer castigos, abuelo había demostrado tener una gran creatividad.

Abuelo vino a supervisar el trabajo que hacíamos en el depósito y pudo ver todo bien limpio y organizado. Me pareció que un destello brilló en sus pupilas como queriendo decir: *"estoy orgulloso de ustedes"*, pero no lo dijo; en su lugar, expresó con la cara muy seria:

—Bien hecho.

¿A qué dudarlo? abuelo nos amaba a los tres, pero comprendo que no podía ponerse zalamero con nosotros para no correr el riesgo de que pensáramos que él era muy fácil de contentar.

Y bueno, así se nos fue todo el fin de semana. Ahora, para poder dormir un poco más, tendríamos que esperar hasta el fin de semana siguiente. Como dicen por ahí, estábamos "cansados, pero satisfechos por la labor cumplida".

En la tarde, mamá trajo buenas noticias del hospital, los médicos habían dicho que papá estaba respondiendo muy bien al tratamiento y de seguir por ese camino, pronto estaría de vuelta en casa.

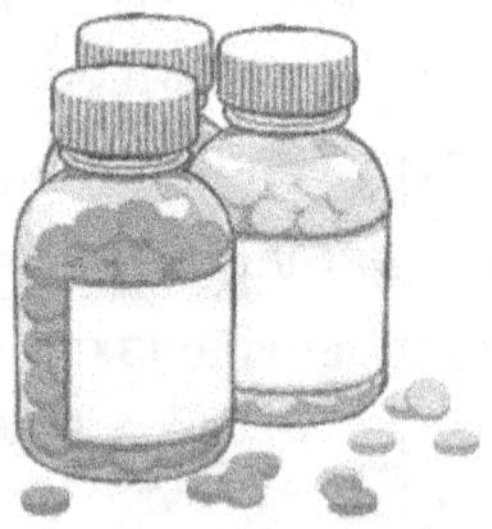

¡Guao, esa sí que era una muy buena noticia! Mamá estaba contenta y se quedó un rato más compartiendo con nosotros antes de irse de nuevo al hospital.

        Anahís Marín

Abuelo no le dijo nada a mamá sobre el medio caluntun-
tente, me imagino que para no ensombrecer su alegría. Y
si él no dijo nada… ¿Quiénes éramos nosotros para con-
tradecirlo?

Pasaron varios días sin ninguna novedad, mamá
pasaba un rato con nosotros en las tardes, abuelo ya había recuperado su cara de siempre (es que la había per-
dido y en su lugar había aparecido una de bulldog), nosotros seguíamos con nuestra rutina de estudio y trabajo y
en general, todo fluía mansamente llevado por la corriente.

Pincho, prácticamente se había mudado a nuestra
casa, se quedaba a dormir en la habitación de Chúo, comía con nosotros, trabajaba con nosotros y hasta se había
traído a nuestra casa sus útiles escolares, porque después
de terminar con nuestras labores en la bodega, decidimos
hacer juntos las tareas de la escuela y ayudarnos entre
nosotros. De esa manera, terminábamos más rápido.

Después, todo era darnos un buen baño, cenar y quedarnos un rato, supuestamente conversando, pero en realidad, lo que hacíamos era dar cabezadas, rendidos por el cansancio.

Los papás de Pincho, es decir, nuestros tíos, no tenían ninguna objeción en que su hijo pasara más tiempo en nuestra casa que en la suya. Ellos comprendían que Pincho nos estaba ayudando en el trabajo, que la situación en casa era algo extraordinario, pero más allá de eso, comprendían que aquello que nos unía era un vínculo de profundo cariño, de profunda hermandad. Siempre habíamos sido como tres hermanos. Nosotros éramos como los tres mosqueteros, como los tres chiflados. Sí, éramos COMO todos ellos, pero nosotros éramos de verdad y formábamos La Tribu Yuka-Yuka.

La Tribu Yuka-Yuka es para siempre. Ese era el pensamiento que se había instalado cómodamente en mi cabeza. Sin embargo, lejos estaba yo de sospechar lo que se avecinaba.

Tío, el padre de Pincho, trabajaba en una institución de seguridad social. Tenía muchos años trabajando en ese lugar y justo ahora sus jefes lo proponían para un ascenso. Esto era algo maravilloso, tío tenía mucho tiempo esperando esta oportunidad y ahora llegaba como caída del cielo, ¡pero en otra ciudad! De aceptar este ascenso, tío debía mudarse con su familia, con el perro y hasta con el gato, a una ciudad que estaba a ocho horas de camino en auto. Él no lo pensó dos veces y aceptó.

El fin de semana siguiente, cuando pensábamos que todo transcurriría plácidamente, Pincho llegó de su casa con la cara compungida, y al preguntarle qué le pasaba, simplemente dijo:

—Nos vamos.

—¿Qué, qué? —dije yo sorprendida.

—¿Cómo? ¿Quién se va? ¿Pa' dónde? ¿Pero de qué hablas? —Chúo disparaba preguntas como una metralleta.

Pincho no dijo nada. Sus ojos verdi-amarillos brillaban. Hubo un silencio profundo, más silencio, espeso y pegajoso como la melaza que preparaba mamá, casi podía tocarlo. Finalmente, con la voz entrecortada y haciendo ingentes esfuerzos por parecer muy fuerte, Pincho nos dio la mala nueva.

La noticia nos cayó como un balde de agua fría. Chúo estaba en *shock,* por momentos parecía querer decir algo, pero las palabras decidieron acobardarse y quedarse bien protegidas dentro de su boca en lugar de salir tambaleantes e indefensas a luchar contra una realidad que nos aplastaba, o al menos así nos parecía en ese momento.

Por mi parte, yo nunca he sido fuerte, ¡y no me daba la gana de parecerlo!, de modo que me largué a llorar a moco suelto, pensando y hablando, hablando y pensando, todo a la vez; diciendo a mis hermanos, mis compañeros, mis amigos del alma, mis compinches, que ahora cómo quedaría la tribu sin uno de sus integrantes; ¿cómo se supone que iríamos a explorar al patio trasero?, ¿cómo tener ahora nuestras divertidas conversaciones, nuestros juegos, nuestras bromas, cómo seguir siendo uno para todos y todos para uno?

Al final, terminé contagiando a Chúo y a Pincho, sendos lagrimones corrían por las mejillas de ambos. Chúo alargó los brazos y nos atrajo hacia él. Así, abrazados y llorando, pasó un segundo o pasaron mil años, ¿quién podría decirlo? Lo cierto es que ahí, en nuestro centro de operaciones, que era la habitación de Chúo, había tres pequeños corazones ahogados por un sentimiento de profunda tristeza.

Capítulo 9
¿FELIZ O INFELIZ? HE AHÍ EL PROBLEMA

Pincho nos había dicho que más o menos en un mes partirían. Su papá tenía que hacer una serie de trámites por su trabajo y además debía arreglar lo de la casa donde vivirían, la escuela donde estudiarían Pincho y sus hermanos y un montón de cosas que, francamente, me daba rabia recordar.

Por otro lado, a estas alturas mamá llegaba a casa por las tardes con mejor semblante. Su cara ya no se veía compungida ni sus ojos llorosos; se mostraba muy animada hablando con abuelo. En un momento dado, nos llamaron a nosotros a la sala de estar para comunicarnos lo que el médico de papá había dicho: *"se encontraba mucho mejor, ya había superado la fuerte infección que tenía"*.

Sí, definitivamente esta era una gran noticia para nuestra familia. Y agradecí de corazón a mamá y al abuelo por habernos llamado, por habernos considerado y explicado claramente la situación de papá y no haberse reservado la información solo para ellos. Lo digo porque los grandes tenían la malísima costumbre de hablar las cosas importantes siempre entre ellos, es más, si llegaba alguna persona queriendo hablar con papá o con mamá, inmediatamente nos mandaban a ir para el patio porque *"en las conversaciones de los adultos no se meten los muchachos"*. Incluso, mamá llegó a ponerse tan experta en corrernos de la sala cuando llegaba algún adulto, que lo único que hacía para indicarnos que debíamos irnos era dirigir la mirada hacia el fondo de la casa y nosotros enfilábamos hacia el patio como borregos. Pero, bueno, esa vez fue diferente y eso se agradece.

La conversación entre abuelo y mamá tuvo lugar un miércoles y el sábado ya papá estaba de alta. En la mañana de ese día llegaron abuela y una de mis tías para arreglar la casa y ponerla bonita para recibirlo. Un rato más tarde, llegó otra de mis tías (eran cuatro las hermanas de mamá), para preparar caldo de pollo, porque tratándose de un enfermo o de un convaleciente, lo mejor es un buen caldo de pollo, según dijo.

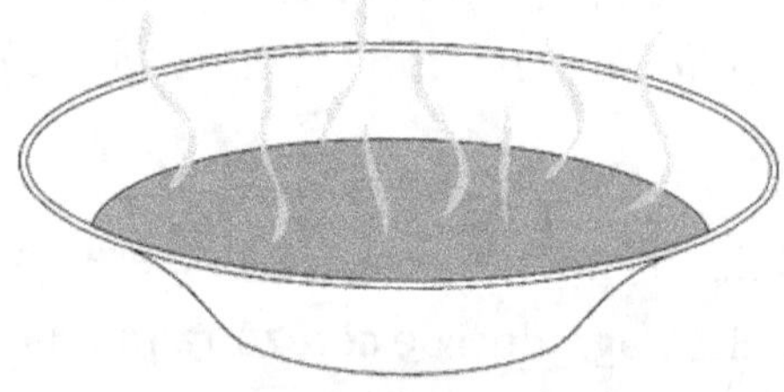

Nosotros tres, desde la bodega, podíamos escuchar la algarabía que hacían abuela y las tías, parecían un montón de gallinas cuando les dan el maíz. Imaginé la escena, encontré muy divertido pensar en abuela y en mis

          Anahís Marín

tías con una cresta roja en la cabeza, cacareando y correteando por toda la casa con unos granos de maíz en el pico.

Empecé a reír y de inmediato Pincho, con los ojos entornados, dijo:

—Jum, el que se ríe solo, de su picardía se acuerda.

Pero para no reír yo sola, les conté a los muchachos sobre las gallinitas y los tres reímos de buena gana. En verdad estábamos contentos por la próxima llegada de papá; estuvo más de dos meses hospitalizado. Nunca había estado fuera de casa por tanto tiempo, y, a pesar de ser un padre tan estricto con nosotros, lo extrañábamos un montón. También extrañábamos a mamá, que solo podía pasar un rato con nosotros en las tardes. Pero ahora todas las aguas volverían a su cauce.

Finalmente, en las últimas horas de la tarde llegaron papá y mamá. El vecino de al lado se había ofrecido para recogerlos en el hospital. Papá bajó del auto con alguna dificultad, claro que el Ford Fairlane 500 del vecino era un auto bastante grande, pero la dificultad de papá obedecía más a su condición de convaleciente que a otra cosa. Ese día nuestra casa se llenó de gente que quería saludar a papá, averiguar por su salud, desearle parabienes, traerle algunas frutas, etc. Papá era bastante apreciado por toda la gente de la zona, todo el mundo lo conocía, puesto que él era el "bodeguero oficial" del vecindario.

Pincho, Chúo y yo continuamos trabajando en la bodega, pero ahora Chúo pasaba con frecuencia por la habitación de papá para recibir sus instrucciones sobre el manejo del negocio. Los días pasaban y con la deliciosa comida de mamá y con los cuidados de todos nosotros, papá empezó a recuperarse y a ponerse fuerte bastante rápido.

Por mi parte, yo estaba en una encrucijada, y supongo que Pincho y Chúo también. Por un lado, quería que los días pasaran rápido porque el paso del tiempo traía consigo la mejoría de papá, pero por otro lado, no lo quería porque eso acercaba cada vez más la partida de Pincho. Y ese día llegó... Inminente; ineludible.

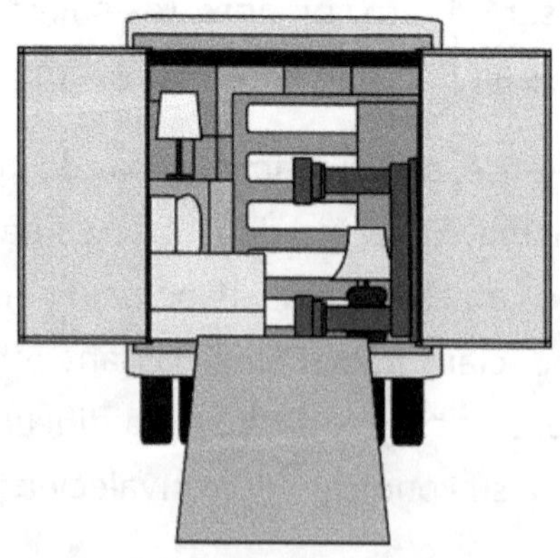

En la acera de enfrente estaba estacionado un gran camión de mudanzas y unos trabajadores metían en él algunos muebles. Tío acomodaba bolsos en la maleta de su auto, mientras tía y los dos hermanos de Pincho caminaban en una dirección y en otra como paticos de feria. Nosotros tres, es decir, La Tribu Yuka-Yuka, permanecíamos de pie junto a la puerta de la bodega mientras contemplábamos el doloroso proceso.

Terminó el proceso de embalaje. Hora de irse. Mis abuelos, tíos, tías y primos estaban todos allí para despedir a la familia que viajaba. Hubo abrazos, besos, promesas. Un motor que se enciende, un brazo que se agita en señal de despedida y un auto que poco a poco, va convirtiéndose en un punto en la lejanía. Chúo no movía un solo músculo, su mirada estaba fija en el vacío. Yo, con los ojos arrasados en lágrimas, lloraba muy bajito.

Capítulo 10
EL AVE FÉNIX

Poco a poco, papá iba incorporándose al trabajo de la bodega, entraba allí por momentos, hablaba con unos clientes, nos daba algunas instrucciones y ante la insistencia de mamá, regresaba a la habitación. Así, día a día iba quedándose en la bodega por períodos más prolongados, hasta que finalmente retomó su rutina de trabajo y Chúo y yo volvimos a nuestras actividades habituales.

Sí, volvimos a nuestras actividades habituales; pero estaba segura que ni Chúo, ni Pincho, ni yo éramos los mismos. Después de saber lo que es trabajar para ganar el pan, caer en la noche rendidos por el cansancio, cumplir con la responsabilidad de pagar cuentas, pagar las consecuencias por los errores cometidos, sentir miedo ante la posibilidad de perder un ser querido y padecer dolor ante una partida inminente, creo que nos cayeron unos cuantos años encima.

Y a propósito de esa partida, Chúo y yo le pedimos a mamá una llamada telefónica. Queríamos llamar a Pincho a su nueva casa, en la ciudad donde vivía ahora con sus padres. Mamá nos prometió que el fin de semana haríamos la llamada y así fue. En casa había un solo teléfono y para hacer una llamada, mamá debía primero abrir un candado que el teléfono tenía en su disco rotatorio. De esta manera, mamá se aseguraba que no haríamos ninguna travesura con el teléfono. Francamente, no sé de dónde sacaba mamá esas ideas tan desatinadas. En fin, llegó el momento de la llamada y estábamos tan emocionados como cuando papá llegó a casa.

Mamá retiró el candado y Chúo insistió en que él quería marcar el número de la casa de Pincho. Chúo ponía su dedo en cada orificio del disco y por cada vez que el disco regresaba a su posición inicial, dábamos un pequeño grito de emoción. Cuando hubo marcado todos los dígitos, esperamos el tono pacientemente y… ¡Aleluya! Del otro lado, Chúo reconoció la voz de tía, le pidió la bendición y enseguida solicitó hablar con Pincho.

La conversación con Pincho fue todo un informe detallado sobre sucesos, lugares y personas de aquella ciudad donde ahora vivía. Nos contó que esa ciudad tenía paisajes maravillosos, grandes ríos, saltos de agua impresionantes. Por un momento guardó silencio y luego dijo:

—Si ustedes estuvieran aquí...

Definitivamente, si nosotros estuviéramos allí, nos divertiríamos en grande, pensé. Chúo y yo nos turnábamos en el uso de la bocina, pero al final, decidimos colocarla sobre una mesa y acercar el oído lo mejor que pudimos para escuchar los dos al mismo tiempo los relatos de Pincho. Por otro lado, nosotros también teníamos algo que contarle a Pincho y era que papá regresó a trabajar.

Conversamos sobre todo y sobre todos. Era nuestra primera conversación después de la partida; Chúo y yo estuvimos felices de poder hablar con Pincho y él, a su vez, estaba que brincaba en una pata.

Con el paso de los días, como era de esperarse, mi hermano y yo volvimos a nuestras largas sesiones de lectura. En una de esas sesiones me topé con un librito viejo de páginas amarillentas. Chúo lo había comprado en el quiosco de la esquina, a muy buen precio porque era usado. El librito en cuestión hablaba sobre un ave mitológica, un ave maravillosa que tenía el don de la inmortalidad y aunque muriera, era capaz de renacer de sus propias cenizas. Este relato realmente me maravilló. Me gustó tanto que hubiera querido preguntarle a mi maestra sobre esta ave legendaria, pero teniendo en cuenta que mi maestra era un bagre malhumorado y agresivo, yo prefería enterarme de las cosas a través de nuestra literatura de quiosco.

Papá se incorporó totalmente al trabajo y nosotros a nuestras actividades académicas, de lectura, de exploración del patio, etc. Un día, cuando regresábamos de la escuela, mamá nos estaba esperando en la puerta con una noticia:

—¡Pincho viene el fin de semana!

—¿En serio? ¿Eso era verdad? ¿La tribu volverá a reunirse? ¿A abrazarse? ¿A hacer bromas y reír juntos? Bueno... a hacer bromas inofensivas.

Que Pincho regresara nos alegraba la vida de un modo que ni siquiera todos los dulces y juguetes del mundo lograrían, especialmente, ahora que nos sentíamos... ejem, ¿cómo diríamos?, más serios. Preguntamos a mamá sobre los detalles de la venida de la familia y nos dijo que tío había decidido visitar a los abuelos, es decir, a sus padres, un fin de semana al mes para no perder el contacto con la familia. ¡Eso significaba que Pincho vendría todos los meses!

Efectivamente, el fin de semana siguiente, el viernes en la noche para ser exactos, tío y su familia llegaron a casa del abuelo. Nosotros no cabíamos en sí de gozo. Por supuesto, Pincho decidió dormir en nuestra casa, en la habitación de Chúo, como siempre. Ese día nos fuimos a dormir bien tarde. Lo bueno es que al día siguiente no teníamos que madrugar porque era sábado y no íbamos a la escuela. Nos pusimos al día con toooooooodos los chismes, cuentos, relatos e historias que teníamos guardados entre pecho y espalda.

Al día siguiente, después de desayunar las deliciosas arepas a la parrilla que preparaba mamá, cada uno de nosotros, miembros de La Tribu Yuka-Yuka, tomó una pequeña silla tejida de mimbre y nos dispusimos a explorar todo el patio trasero para luego sentarnos a la sombra de la mata de mango a descansar y a charlar sobre las cosas que pasan en esta vida.

Sí, señor, las cosas que pasan en la vida. Cual Ave Fénix, papá había renacido y La Tribu Yuka-Yuka estaba reunida de nuevo. Y aunque pensamos que con la partida de un miembro de la tribu, esta se fracturaría o se acabaría, no fue así. La hermandad no se acaba con la distancia y La Tribu Yuka-Yuka, también como el Ave Fenix, renacía cada vez mejor, más fuerte. Y aclaremos algo, La Tribu Yuka-Yuka renacía una vez al mes.

www.ingramcontent.com/pod-product-compliance
Lightning Source LLC
Chambersburg PA
CBHW072033150726

47999CB00002B/891